Je voulais juste être heureuse!

Histoire vécue

Andréa

Je voulais juste être heureuse!

(Après une relation toxique)
Roman vécu

Éditeur : BoD-Books on Demand
12-14 rond-point des Champs-Élysées, 75008 Paris
Impression : Books on Demand, Norderstedt,
Allemagne
Contact auteure : andrealivre13@gmail.com
Illustration : A.S.

ISBN : 978-2-3222-6642-5
Dépôt légal : 03/2021

À mes enfants,
À mes frères et sœurs,
À mes parents.

Les situations et les faits que je décris dans ce livre, je les ai vraiment vécus. Pour des raisons évidentes, les prénoms et les noms ont été changés.

Présentation

Moi, Andréa, 32 ans.

Je m'appelle Andréa. Au moment où j'écris ces lignes, nous sommes au printemps 2021. J'ai trente-deux ans.

Je suis née d'une fratrie de six enfants : trois filles, trois garçons. Mes parents sont toujours unis par le mariage et par l'amour après quarante ans de vie commune. Un bel exemple de respect et de fidélité !

Vivre à huit en famille, ce n'est pas toujours simple. Si, les uns ou les autres, nous étions en désaccord, le dialogue a toujours été la règle entre nous.

Mon père, maintenant à la retraite, était chef de chantier pour une grande boîte de maçonnerie. C'est un homme qui ne montre pas beaucoup ses sentiments, mais avec qui on se sent en sécurité, il donnerait tout pour sa famille. Il ne le dit pas, mais sans avoir à l'exprimer par des mots, je sais très bien qu'il m'aime. Qu'il nous aime.

Ma mère, quant à elle, est assistante maternelle. Si quelque chose lui déplaît, elle a tendance à se refermer, à bouder. Mais elle pardonne vite ! Son principal souhait est que la famille reste toujours unie, malgré les petites chamailleries des uns et des autres. Eh oui ! Avec six enfants, il y a toujours des moments où les esprits s'échauffent.

Entre tous les frères et sœurs, il y a des affinités particulières. Elles ne sont pas toujours réparties également.

Dans ma jeunesse, contrairement à mes sœurs aînées, j'étais plutôt têtue. Mes parents avaient beau me reprendre, je finissais toujours par n'en faire qu'à ma tête. Je ne tenais pas en place, j'avais ce besoin d'être toujours occupée et vivre a deux cent à l'heure.

On aurait pu croire qu'avec un tel tempérament, rien de m'arrêterai. C'est d'ailleurs ce qui a provoqué mon départ du cocon familial : l'adolescente qui se révolte, un père qui s'impose, une paire de gifles qui part. Et je me retrouve à vivre en couple, à dix-sept ans.

Lorsque je suis devenue maman à mon tour, j'ai fait mon mea-culpa. J'ai compris leur rôle, cette autorité parentale qu'on n'accepte mal tant qu'on est un enfant.

Toutefois, malgré mon caractère affirmé, j'étais une enfant joyeuse, souriante et polie.

Aujourd'hui, je suis l'heureuse maman de deux garçons, Matthieu et Axel. J'écris ce livre car je suis convaincue que mon histoire peut aider d'autres personnes à trouver des clefs pour se sortir d'une mauvaise relation et qu'ils pourront réussir à vivre - enfin ! - pleinement leur vie.

J'ai vécu avec un homme qui m'a détruite. C'est le "géniteur" de mes fils. Dans ce livre, pour ne pas *le nommer, je l'appellerai simplement : « monsieur ». Sans haine ni dégoût...*

Je vais vous raconter ce que j'ai vécu à ses côtés, tous les événements qui m'ont conduit au fond du trou. Une véritable descente aux enfers.

Je vous décrirai ensuite tous ce que j'ai mis en place dans ma vie pour m'aider à me reconstruire. Comment j'ai réussi à sortir de la dépression et des angoisses qui hantaient et régissaient mes jours.

Je vais tenter de vous renseigner au mieux, étapes par étapes, sur ce cheminement vers le bonheur qui pourra être utile à d'autres pour enfin retrouver une vie sereine.

Première partie:

La descente aux enfers.

Chapitre I
Vivre à ses côtés

Tout a commencé de façon banale.

À 17 ans, comme la plupart des jeunes filles de mon âge, j'ai fait des rencontres. J'ai vécu des amourettes…

Puis une amie m'a présenté un garçon, le monsieur en question. Mes parents n'appréciaient pas cette fréquentation. Bravant leur autorité, nous nous sommes très vite installés ensemble. J'ai quitté la maison et nous avons partagé un appartement.

Et naturellement, neuf mois après le début de notre relation, je suis tombée enceinte de mon premier enfant. Tout se passait à merveille, super fière à l'idée de devenir une jeune maman. Aucune crainte ne me traversait l'esprit. J'avais trouvé un homme qui semblait vouloir s'engager dans une vraie relation de couple et fonder une famille.

Ma grossesse s'est très bien déroulée, sans nausées ni aucune ombre au tableau. Un accouchement sous péridurale sans douleurs et une délivrance très rapide pour un premier enfant. Jusqu'ici, je ne pouvais rien demander de mieux ! Et me voilà devenue maman d'un magnifique petit garçon : il s'appelle Matthieu.

Mais, très vite, monsieur a voulu sortir en discothèque, boire de l'alcool… Il nous laissait de côté. Il sortait quand il voulait, ne rentrait parfois qu'au petit matin sans avoir répondu à mes appels au téléphone pendant toute la nuit. Il ne pensait plus qu'à profiter de la vie à sa façon…

Dans les premiers temps j'ai accepté et vivais pleinement mon rôle de maman au foyer. Les besoins de bébé, l'entretien de la maison et les balades en poussette rythmaient mes journées.

Il faut dire qu'il savait faire le gentil pour que je finisse à chaque fois par lui pardonner. Pendant qu'il sortait, il m'arrivait d'inviter des amies à l'appartement. Lors d'une de ces soirées, une amie est passée me voir avec son compagnon. Monsieur a décidé de téléphoner à cet ami pour lui interdire de passer chez moi ! Il disait que c'était malsain de venir me voir alors qu'il n'était pas présent. Pourtant, il savait bien que sa compagne était là.

Si moi, par contre, je voulais me rendre à l'anniversaire d'une amie, c'était hors de question ! J'avais droit pendant des semaines à des reproches, il me disait que j'étais une mauvaise mère. Ça me fendait le cœur ! Mon rôle de maman, pour lequel j'avais tellement à cœur de bien faire ! Mais il connaissait mes cordes sensibles pour faire mal.

Au fil du temps, les disputes se faisaient de plus en plus fréquentes ; jusqu'au jour où il a décidé de prendre comme on dit « ses cliques et ses claques », pour retourner vivre chez sa mère.

Mais avant de partir, monsieur avait décidé de faire une « fête de séparation », en invitant ses amis à l'appartement, prétextant qu'il avait payé le mois de loyer en cours et que cela lui donnait le droit de faire ce qu'il voulait…

Les compagnes de ses amis me soutenaient et trouvaient cette attitude complètement déplacée. D'autant plus qu'il se permettait de me rabaisser devant nos invités. La fin du mois est arrivée et il s'est enfin senti libre, sans comptes à devoir à personne, pour vivre ses soirées arrosées comme il l'entendait.

Pendant plus d'un an, Matthieu et moi nous sommes restés vivre dans l'appartement et monsieur passait nous rendre visite de temps en temps. C'était d'un commun accord, sans jugement ni autres procédures : nous en avions convenu « à l'amiable ».

Il s'est passé ainsi un an et demi. Monsieur est revenu petit à petit vers nous, avec ses regrets et ses excuses. Il faisait le gentil, se traitait lui-même de "con" pour ce qu'il nous avait fait…

Habituellement c'était quelqu'un qui ne reconnaissait jamais ses torts. Il se débrouillait toujours pour retourner la situation à son avantage.

Alors, cette fois-ci, j'ai cru à une possible remise en question, à ce retour sur lui-même. Et la possibilité qu'il ait enfin mûri. Il semblait prêt à s'assumer.

Nous avons finalement choisi de laisser une seconde chance à notre couple. Les premiers mois monsieur était irréprochable. Au point de nous décider à avoir un deuxième enfant. Matthieu allait entrer à l'école. C'était pour nous le bon moment pour essayer de ressouder la famille. Pour ma part, une petite voix me disait : « Tu as déjà un enfant avec lui ; si tu souhaites en avoir un deuxième, autant que ce soit le vrai frère ou la vraie sœur de Matthieu ».

C'était sans compter sur le changement de comportement de cet homme qui, certes, voulait reconquérir sa femme, mais qui savait qu'elle était enceinte et qu'elle était coincée. Monsieur pouvait alors laisser revenir ses vieux démons, accompagnés de petits nouveaux, de plus en plus pervers et destructeurs.

J'ai toujours eu en tête l'image du couple formé par mes parents, le modèle de notre famille nombreuse. Je ne voyais pas ma vie avec plusieurs pères pour mes enfants. J'avais en tête cet idéal et quand bien même le couple n'était pas des plus épanoui, s'engager avec un homme devait être la garantie de faire en sorte que le couple dure, même à mon détriment. Il fallait savoir mettre de l'eau dans son vin. Et surtout dans mon propre verre qui finissait d'ailleurs à ne plus ressembler qu'à un verre d'eau cristalline dont je voyais les gouttes déborder chaque jour un peu plus. Au fil du temps, j'acceptai l'inacceptable…

Monsieur était maniaque : NON ! Ce n'était pas à lui de nettoyer la maison ! Maniaque et exigeant : il passait derrière moi pour me dire : « Là, il reste un peu de poussière… Ici, sous le lit, ça n'a pas été fait… ». Et tout à l'avenant.

Un jour, je venais de nettoyer à fond l'appartement sous les exigences de monsieur, mais le soir j'avais quelques petits saignements rosés. Enceinte de 5 mois, je me faisais du souci. Aussi, je lui ai demandé de me conduire à l'hôpital. Mais non ! Pour lui, ça n'était pas la peine… Il m'a envoyée me coucher en me disant : « On verra ça demain ».

Les saignements ont heureusement cessé. Mais j'ai commencé à en faire un peu moins à la maison, même si ça n'avait pas l'air de lui plaire…

Mon enfant à venir était plus important que tout. Alors, quitte à subir des reproches, autant qu'ils soient mérités. Enceinte de huit mois et demi d'Axel, le petit frère à venir de Matthieu, j'étais très fatiguée.

Je vivais une grossesse qui a débuté avec un surpoids pondéral, ce qui l'a rendue bien plus pénible et fatigante que pour celle de Matthieu.

Monsieur profité du fait que j'étais bloqué à la maison pour recommencer à ne penser qu'a lui-même. Malgré ses multiples promesses de ne plus sortir la nuit. Une des raisons pour lesquelles de gros conflits éclatés entre nous. D'autant plus qu'il m'était régulièrement rapporter le fait qu'il danser avec des filles, et qu'a certaine soirée il y convié son ex petite amie pour laquelle il avait encore des sentiments. Il a malgré tout repris ses habitudes et sortait tous les week-ends comme avant, ne m'en déplaise je n'avais pas mon mot à dire. Et à ce stade de la grossesse je préférer fermer les yeux en me consacrant exclusivement à Mathieu et à l'arrivée de bébé pour accueillir Axel dans les meilleures conditions possibles.

Et arrive le jour de l'anniversaire du frère de Monsieur. Nous étions invités, la date de mon accouchement était prévue dans une quinzaine de jours. J'ai préféré décliner l'invitation afin de pouvoir me reposer. Monsieur s'y est donc rendu seul ; il est rentré à une heure tardive, dans la nuit et vomissait par-dessus le balcon.

Et là, dans ma petite tête, je me disais : « pourvu que je ne sois pas prise de contractions, pourvu que bébé ne se présente pas avant l'heure… ». Par chance, il a attendu, bien au chaud, la date prévue.

Voilà : la naissance d'Axel est arrivée, déclenchée par voix basse, le matin du 18 décembre. Axel est né le soir même ! Cette fois-ci, je ne vanterai pas la péridurale et l'accouchement sans douleurs. Un accouchement très rapide : premières contractions vers 18 h 30 et bébé est arrivé à 20 h 50. Mais, contrairement à Matthieu, la péridurale n'a pas été posée dans les temps et les douleurs pour le déclenchement ont été très intenses !

Enfin, voilà ! Bébé est là, juste avant les fêtes de fin d'année ! Après trois jours à la maternité, nous avons pris le chemin de la maison. Matthieu a vite appris à connaître son petit frère, il était ravi et très doux avec lui.

Quatre jours après la sortie de la maternité, c'est

Noël. Et comme cadeau, l'invitée surprise : une bonne gastro-entérite !

Je vous laisse imaginer ce qui se passe lorsque l'on allaite son bébé et que la gastro est là, bien fulgurante. Eh bien, c'est loin d'être un super cadeau ! J'ai alors demandé à monsieur de bien vouloir m'aider pour la nuit à venir. Fidèle à lui-même, la réponse ne s'est pas fait attendre : « Tu vas te réveiller pour lui donner le sein, donc tu n'as qu'à continuer sur ta lancée : changer sa couche, moucher bébé ». Car la nuit, il avait le nez encombré… Enfin, bon !

Pourtant, il ne travaillait pas à ce moment-là, mais j'ai dû continuer à tout faire sans son aide.

Inutile de vous dire qu'au fond de moi, je m'étais résignée à ne plus attendre aucune attention bienveillante de sa part.

Lorsqu'il nous arrivait de nous disputer, je n'avais jamais raison. J'avais beau me fatiguer à lui expliquer des choses toutes bêtes par A plus B, je n'avais jamais mon mot à dire. Quand je répondais à ses méchancetés en lui expliquant que je m'efforçais de faire pour le mieux et que son comportement envers moi était injustifié, dans tous les cas il avait toujours quelques choses à redire, il s'énervait.

Et si me venait l'envie de hausser la voix à mon tour pour me faire entendre, je finissais par vite le regretter et me résignais à me taire. Il me traitait de folle, disait que j'étais maboule, qu'il fallait m'interner dans un asile… etc.

Ces mots-là étaient quotidiens et très durs. Quand ça fait plus de trois ans qu'on vous répète ça au moindre accrochage, on n'ose plus s'exprimer et on finit par se replier sur soi chaque jour d'avantage.

Si jamais je fondais en larmes, c'était la même chanson : interdiction de s'exprimer. Il me piquait par des : « Tu es ridicule », « tu pleures juste pour ça ! », « pfft, ma pauvre ! », « Aller, va chialer plus loin » …

Il avait toujours son petit sourire en coin, comme s'il prenait plaisir à la situation !

Si je me détendais devant un film comique, un bêtisier ou autre, là encore, ça n'allait pas et il me reprochait mes choix télévisés : « T'as rien de plus bête à regarder ? » « Ah ! Tu regardes encore ton émission de débile mentale ».

Bref, ça n'en finissait pas, je ne pouvais extérioriser ni le bien, ni le mal ; tous mes sentiments devaient être tus.

Le 31 décembre, il est parti réveillonner avec ses amis. J'avais honte de devoir dire à ma famille que les garçons et moi étions seuls ce soir-là. J'ai préféré me taire et j'ai profité de mes fils en écoutant la musique et en profitant de la joie… qui régnait chez les voisins !

Une autre fois je m'étais assoupie sur le canapé quand il a retiré violemment le coussin qui était sous ma tête, avec ces mots : « C'est mon coussin, la folle ! ».

J'ai fondu en larme ! Je n'en pouvais plus ! Certes, nous cohabitions sous le même toit, mais à part ses mots blessants, plus rien ne nous rapprochait…

Et, plus pervers que ça, c'étaient les mots qu'il me balançait pour me faire culpabiliser : « Si je suis comme ça, c'est à cause de toi ! Regarde-toi ! Gros tas, tu me dégoûtes. On dirait une baleine ! ».

Ce qui me touchait le plus, c'est qu'il retournait contre moi tout ce que je pouvais dire, toutes mes phrases. Et j'avais pourtant beau essayer de prendre des gants et réfléchir à tout ce que je disais, mais non ! Il se débrouillait toujours pour s'en sortir et finissait par me dire : « Mais tu es folle c'est toi qui as fait ceci ou dis cela ! ». Rien ne lui faisait entendre raison. Dès que je lui demandais quelque chose, il m'envoyait toujours et encore sur les roses ...

J'en étais venue à créer un « tableau d'insultes », affiché sur le réfrigérateur, ou chacun devait noter d'une croix celui ou celle qui avait commencé à insulter l'autre et lui avait manqué de respect. Monsieur niait tout le temps et disait à chaque dispute que c'était de ma faute, que c'était moi qui lui parlais mal. Cela aurai peut-être pu lui permettre de se remettre un tant soit peu en question.

Le tableau fut très vite rempli. Pour rien ! Il continuait à nier et dire que lui, il ne pensait pas à noter les croix : il l'a arraché du frigo et l'a jeté. J'avais beau essayer de réfléchir, à chercher diverses solutions, mais je pense que c'était plus fort que lui : de son côté, rien ne lui permettait de se remettre en question.

Ce fut très dur à vivre. J'en suis arrivée à douter, à me demander si je n'allais pas perdre la raison. Mais pour moi, qui n'avait jamais connu de personnes psychologiquement instables, j'étais insouciante à ce sujet-là, je penser qu'être fou était une pathologie de naissance et les personnes qui en souffraient se faisait internées pour un suivi rapproché ; on ne devenait pas fou « comme ça » !

Et pourtant, à trop l'entendre, il a bien fini par m'en faire douter. Je ne savais plus comment agir. Je doutais de tout ce que j'étais, j'avais complètement perdu mes valeurs, mes principes. Je me disais que dans tous les couples il y avait des disputes, que c'était ainsi et je n'arrivais plus à savoir comment dire « stop ».

Malgré cela, je cherchais toujours à lui trouver des excuses. Je compatissais : il n'avait pas eu une enfance heureuse, lui et ses deux frères. Ils ont été retirés à leur mère par les services sociaux dans leur enfance et ont vécu en foyer jusqu'à leur majorité.

Son histoire était mystérieuse : sa mère savait qui était son père, mais il ne l'a pas reconnu et n'a jamais souhaité créer de lien. Tandis que pour ses deux autres frères elle n'a jamais mis de nom sur leurs pères respectifs. Je comprenais bien que ça avait dû être très dur et très traumatisant.

J'avais espoir qu'en essayant de le comprendre,

je l'aiderai à parler de son enfance. Je pensais que, par mon écoute et mon réconfort, il finirait par apaiser ses douleurs, à chasser ces traumatismes et deviendrait un autre homme.

Mais mes espoirs ne sont jamais devenus réalité. À cause de son vécu ou non, il portait en lui une indifférence envers les garçons. C'est d'autant plus malheureux que le moindre geste de sa part rendait Matthieu super fier. Il adorait l'idée de partager quelque chose avec celui qui était son père.

Plusieurs fois, il disait à Matthieu : « Prépare-toi. Si tu veux, tu viens avec moi au foot ou aux magasins… » Puis, quand il lui restait une chaussure à mettre ou son blouson, il laissait Matthieu en pleurs en lui disant : « tu n'avais qu'à te préparer plus vite ! ». Il tournait les talons et le laissait pleurer… Mais quel monstre !

Lorsqu'il devait veiller sur Axel, le temps d'une douche ou le temps d'aller récupérer Matthieu à l'école ou autre, monsieur le déposait dans son lit, porte fermée et le laissait pleurer.

Autant dire que je ne pouvais m'absenter bien longtemps, car au final, c'était comme si mon enfant était seul ! Qu'il me fasse du mal à moi, je pouvais encore encaisser. J'assumais son rejet, son dégoût envers moi. Mais des enfants de quatre ans et de cinq mois n'ont pas à encaisser le rejet d'un parent.

Encore une fois, comparé à mon idéal, la réalité était bien différente. Mon état psychologique se dégradait au fil des années passées à ses côtés. Je n'en pouvais plus. Monsieur voulait que je parte et il me menaçait de me « faire la misère jusqu'à ce que je me casse ». Je lui disais : « mais ou veux-tu que j'aille avec deux enfants », dont Axel qui devait avoir 5 mois.

Et il me suggérait d'aller dans une maison pour mère isolée et que c'était ma seule solution, car tant que je serais là, il ferait tout pour que je parte et que ce serait lui qui garderait l'appartement.

Si je descendais les poubelles, il fermait à clefs derrière moi et me faisait poireauter devant la porte pendant un quart d'heure, voire plus, avant d'accepter de rouvrir la porte. Il me traitait toujours de folle, de grosse, ça n'arrêtait jamais. Il me disait : « Jamais personne ne voudra de toi, il n'y a que moi pour me choper un boulet pareil ! ».

Si je prenais un bain alors que c'était l'heure de faire à manger, il venait me sortir du bain en me tirant par les cheveux, et me disait : « Tu ne sers à rien ! Va faire à manger ! Ou je vais t'attraper et je vais te jeter dans les escaliers ! ».

Un soir, je regardais un film. Il est venu, debout devant moi… Il souhaitait quelque chose que j'ai refusé. Alors, il m'a donné deux gros coups de poing dans la cuisse. Une autre fois alors que la vaisselle n'était pas faite, il m'a donné des coups de poing dans les bras, parce que je lui ai dit : « si t'es pas content, t'as qu'à la faire toi-même ! ».

Je commençais à répondre et ne plus me laisser faire. En retour, il devenait violent. Je prenais des coups… C'étaient des coups de pieds dans les genoux, des coups de poings dans les bras,le ventre et dans les jambes (jamais au visage). Il me tirait les cheveux à tout va. J'étais devenu sa chose. Il était à la limite de me cracher dessus, lorsque je passais dans la pièce où il se trouvait, il me rabaissait du regard, me prenait de haut…

Que les garçons soient spectateurs ou non, plus rien ne l'arrêtait. Je me demandais si les garçons comprenaient ce qu'il se passait, ce qu'ils pouvaient ressentir du haut de leur jeune âge.

J'aurai tant voulu que mes enfants grandissent avec leurs deux parents ! C'était un bien autre spectacle qui leur était proposé : bien loin de l'image de l'amour et de la sérénité.

Après tous les cas de figure qu'il m'a fait vivre (les retournements de situation, la culpabilité que tout était ma faute, les violences verbales et physiques …)

Il fallait que je réagisse ! Et vite ! Avant qu'ils soient en âge d'en garder des traumatismes trop importants. À tous ces coups durs se sont ajoutés les crises d'angoisse ! Ça y est mon corps ne pouvait plus encaisser ce que le mental devait taire ...

Chapitre I : Partie 2
Les crises d'angoisse...

«J'ai essayé de vous décrire un maximum de situations et souvenirs dans ce premier chapitre "vivre à ses côtés". Mais fort heureusement pour moi bon nombre d'entre eux ne sont plus en ma mémoire actuellement. Je me suis beaucoup appuyée sur les nombreuses attestations de mes amies (une vingtaine à l'époque) qui ont été rédigé sur l'honneur, sous la demande de l'avocat au moment du jugement pour la garde des garçons, afin de témoigner de leur souvenir. En rapportant des moments gênant passer au sein du couple en spectatrice de scènes de violence morale, et des faits dont elles se souvenaient qui leur avait été rapportée en temps réel. Pour ma part le cerveau a choisi d'être sélectif et de ne pas se souvenir de tout, évidement que j'ai toujours en souvenir sa façon de se comportais envers nous , son rejet permanent, son petit sourire en coin, ses violences, et ses paroles en boucles qui m'ont détruites mais heureusement ou malheureusement les détails ne sont plus aussi présent et ce qui n'a pas été extérioriser par des mots en temps voulu ressort par le corps. Ce qui m'a causé des crises d'angoisse, de tétanie... durant de nombreuses années qui ont suivi. Mon mental a voulu oublier mais mon corps lui se souvenait.»

Les crises de tétanie, les tremblements, les mains qui se serrent, la difficulté à respirer, la vision qui devenait toute noire, les palpitations, la diarrhée, les pensées que j'étais peut-être vraiment folle car même mon corps je ne le contrôlais plus, je ne pouvais plus sortir de chez moi.... Et même chez moi, je n'étais pas bien, rongée par mes contradictions. C'était lui qui me détruisait. D'un côté, et a la foi j'angoissais tellement à l'idée d'être seule ! Mais les crises ne cessaient jamais, seule ou non. Lorsque je faisais une crise il me disait « va crever tranquille dans un coin et ne me fait pas chier ! ». Bref comment pouvais-je m'attendre encore à autre chose qu'une de ces réponses !

Je ne savais plus comment éviter ces crises. Si cela m'arrivait avec mon fils dans les bras, si je m'évanouissais en pleine rue en allant chercher le plus grand à l'école, je paniquais, je paniquais, je paniquais…

Bien entendu, je rendais visite à ma doctoresse : toutes les deux semaines environ. Ça n'allait pas, ça n'allait vraiment pas. Elle ne trouvait pas de pathologie sanguine ou autre, puis elle m'a parlé de stress. Je n'osais pas trop lui parler de mes problèmes, j'avais peur qu'on me retire mes enfants. Je savais que ce n'était pas un environnement sain pour eux.

J'avais toujours mon téléphone à portée de main, tel une bouée de sauvetage à laquelle je pourrais vite m'accrocher si une crise arrivait. J'appelais ma sœur sans cesse. Je lui disais : « au moins, si je tombe, tu es avec moi ! Tu pourras venir me secourir ».

Un jour, son mari lui a pris le téléphone et m'a dit ces mots : « Il faut que tu sois courageuse et que tu partes. Va chez tes parents. Ta sœur pleure tous les soirs car elle a peur pour toi. Tu as deux enfants. Fais-le pour eux, et pour toi ! Appelle ta mère pour te sortir de là ».

J'étais à bout. Épuisée moralement et physiquement. Il m'est même arrivé d'aller chercher la voisine lors de ces crises : si je venais à perdre connaissance, qu'au moins les garçons ne se retrouvent pas seuls.

«Comment ai-je pu en arriver là, moi ! La fille au sourire à toute épreuve, la fille qui rayonnait la joie de vivre ! Cette joie de vivre qui s'était éteinte.»

Chapitre II
On part à l'aventure

Cette fois-ci, j'avais pris ma décision ! J'allais sortir de ce calvaire.

Ma force : mes enfants. Je ne pouvais pas concevoir qu'ils grandissent et se construisent sur un modèle familial tel que celui-ci !

J'étais complètement perdue. Mais prête à tout pour en finir avec ce simulacre de vie de couple ! Avec ma situation financière, il m'était impossible de louer un appartement dans l'immédiat. J'envisageais de vivre en caravane ou en camping à l'année. Toutes les possibilités de logement à moindre coût me traversaient l'esprit. Le principal, dans l'urgence, était de me libérer de ce bourreau.

Après avoir étudié diverses possibilités en long en large et en travers, j'ai décidé d'avouer à mes parents ce qu'il se passait. Je suis passée par l'intermédiaire de mon frère à qui j'ai demandé d'en parler à papa maman. C'était un midi, au mois d'août 2012. Axel avait huit mois et Matthieu quatre ans et demi.

Le téléphone a sonné ! C'étaient mes parents qui n'avaient même pas terminé leur repas. Ils m'ont demandé de préparer nos affaires ; ils partaient tout de suite de la maison pour venir nous chercher. Au plus profond de moi, j'étais soulagée.

« Allez Matthieu ! Tiens ! Tu mets dans ces sacs tous les jouets que tu préfères. On part à l'aventure !

On va chez papi et mamie, avec tonton, toto et tonton Adri ». On n'oublie surtout pas ta nounou (la sucette), les doudous préférés et tout le principal : vêtements, couches et l'album photo de naissance. Sans oublier la clef USB qui conserve les photos des garçons.

Nous voilà sur le départ avec nos quelques sacs, le principal y était. En descendant les escaliers, mes frères et Matthieu chantaient en chœur : « on part à l'aventure ! On part à l'aventure ! ». C'était une façon de rassurer les enfants par des mots.

L'aventure : ça symbolisait bien la situation : un renouveau et du courage pour les petits aventuriers ! Enfin, chez papi et mamie, les garçons et moi-même pouvions ressentir toutes cette énergie positive et bienveillante autour de nous ! Finie cette ambiance oppressante, ces insultes et le spectacle de la violence sous les yeux des garçons !

Les jours qui ont suivi, mes parents m'encourageaient à porter plainte. Je n'étais pas vraiment prête à vouloir encore avoir affaire à lui. Il m'a fallu quelques jours avant de me rendre à la gendarmerie. Là, il faut se "mettre à nu" et tout raconter, même certaines choses dont on a honte…

Dans les premiers temps, il n'a pas cherché à nous recontacter. Ce n'est que quelque temps plus tard qu'il a commencé à demander à prendre les garçons en week-end, ce que je refusais…

Nous voilà arrivés au jour de la confrontation à la gendarmerie. C'est ma sœur qui m'accompagne.

Installés dans leur bureau, une femme et un homme de la brigade étaient là pour nous interroger. Nous n'avions pas le droit d'intervenir sans leur accord.

Les questions commençaient. Nous y répondions. Monsieur acceptait de reconnaître ce qui s'était passé, un soir, devant le canapé, lorsqu'il n'a pas eu de moi ce qu'il souhaitait, mais il minimisait en affirmant qu'il m'avait juste claqué la cuisse, d'une main ouverte, mais pas trop fort…

Bon ! Déjà, de l'entendre avouer quelque chose, même en minimisant, venant de lui, c'était un premier pas ! Les gendarmes insistaient maintenant auprès de moi, me demandant des précisions : la main ouverte ou le poing fermé, ce n'était pas du tout les mêmes conséquences et les mêmes peines, qu'il fallait vraiment que je décrive exactement les gestes qu'il avait faits.

J'affirmais encore et toujours que c'était réellement « poing fermé ». C'était la femme qui s'adressait à moi : « Alors, montrez-nous vos bleus, Madame ! ». Évidemment, je leur répondais que je n'en avais plus ! Depuis le moment des faits, du temps avait passé : les jours qui ont précédé mon départ chez mes parents, celui qu'il avait fallu jusqu'à cette confrontation. Je n'avais plus de traces à leur mettre sous le nez pour qu'ils me croient.

À ce moment-là, on se sent vraiment humiliée, on se retrouve soi-même accusé avec insistance. Et comment se justifier ?

Ensuite, nous avons parlé du jour où il m'avait

donné des coups de poings dans les bras parce que je n'avais pas fait la vaisselle avant de partir ensemble à un anniversaire…

Là, bon il était d'accord pour une histoire de vaisselle, mais niait encore les coups. Il donnait sa propre version : il me tenait les bras car j'étais énervée, je gesticulais dans tous les sens. Mais il ne m'avait pas porté des coups.

Lorsque le policier m'a demandé si je m'étais énervée lors de la dispute, je lui ai répondu « non, pas énervée, mais blasée. J'étais plantée là et j'attendais que ça passe ». Et monsieur a alors rétorqué qu'effectivement, j'étais calme, contrairement à l'habitude et que mon comportement devait être prémédité pour justement l'énerver encore plus !

Sur le coup, tout est allé très vite. Je ne savais que dire pour qu'ils m'écoutent ! Je voulais enfin que monsieur comprenne qu'il était allé trop loin. Mais, impressionnée par la situation, je n'avais pas relevé la contradiction entre ses premières paroles : d'abord, il avait affirmé que j'étais énervée et qu'il me tenait uniquement le bras. Puis, après m'être exprimé à mon tour, il a finalement admis que j'étais calme.

Ensuite la gendarme a repris ses questions à mon encontre : « Madame, pourquoi vous ne vous défendiez pas ? ». Je lui ai répondu que je ne voulais pas envenimer les choses, utiliser moi aussi la force. J'avais peur qu'il s'énerve encore plus et que ça dégénère.

« Vous avez des témoins ? En avez-vous parlé une fois arrivée à l'anniversaire ? Mais vous avez quand même de la force ! Vous auriez pu le repousser, non ? Et les 10 jours d'ITT que votre médecin traitant vous à accordés ? Vous savez, certaines femmes arrivent ici avec des coquards ou des plaies au visage. Et 10 jours d'ITT, c'est un maximum ! Donc, votre docteur ne connaît pas les peines encourues, ça ne passera pas ! ».

Je ne savais que répondre…

Monsieur a alors demandé que je lui laisse les garçons… J'expliquais aux gendarmes qu'il ne s'en était jamais occupé, qu'il les laissait pleurer, qu'Axel était encore au sein… Mais non ! Rien à faire ! Ils ne voulaient pas m'entendre. C'était leur père, donc j'étais obligée de lui laisser les enfants d'un commun accord tant qu'il n'y avait pas de jugement.

Madame la gendarme a repris la parole : « Et si c'était lui qui ne vous laissait pas voir vos enfants ? ». Comment répondre après tous les reproches à mon encontre ? Le gendarme m'a annoncé la peine encourue contre monsieur : cinq ans d'emprisonnement. Il allait falloir passer au tribunal pour être jugés.

« Alors, on fait comment ? Vous voulez poursuivre votre plainte ? ». J'ai fondu en larmes, ils ont douté de mes paroles et de celle de mon médecin, m'ont annoncé que mon but était, au bout du compte, de le faire mettre en prison…

Devant ces menaces, je leur ai dit qu'il valait mieux retirer la plainte, car je ne voulais pas l'envoyer en prison : je voulais juste qu'il comprenne.

Je suis sortie de là en larmes. Heureusement, ma sœur était à mes côtés pour me consoler. J'étais très déçue. Je me sentais… comme si c'était moi que l'on venait de juger ! On ne m'avait apporté ni le réconfort ni pris en compte les faits et ce qu'il m'avait fait endurer. C'était horrible. Ni même écoutée sur le fait qu'il ne savait pas s'occuper des garçons.

Et me voilà obligée de les lui confier, sous sa responsabilité ? Lui, responsable ? Un irresponsable ?

Je repartais de là avec le sentiment d'avoir été jugée comme une femme qui aimait se plaindre pour pas grand-chose et une mère égoïste qui voulait garder ses enfants exclusivement pour elle.

Mais j'avais fait ce qu'il fallait. Tant pis si je n'avais pas été entendue. En même temps, je n'étais pas du tout préparée à devoir encaisser des accusations et je ne savais pas trop quoi y répondre. Jamais je n'aurai imaginé me retrouver sur le siège de l'accusée.

C'est le message que je veux transmettre à toutes les personnes qui vivent une situation similaire : faites-en sorte d'avoir des preuves matérielles ! Faites des enregistrements audios lorsque ça commence à dégénérer, photographiez vos bleus lorsqu'il est temps, parlez-en autour de vous, même si vous ne vous sentez pas fière !

Il faut le faire savoir, et accumuler un maximum de témoignages pour la suite.

Chapitre III
Obligation de lui confier
les garçons

Voilà ! Il était donc obligatoire de lui accorder des week-ends de garde… Les craintes se bousculaient dans ma tête. Allait-il s'en occuper correctement ? Est-ce qu'ils ne manqueraient de rien ? Allait-il déverser sur eux la haine qu'il avait envers moi ?

Ces week-ends étaient rythmés au bon vouloir de monsieur. Il les prenait de temps en temps, sans calendrier précis. Parfois, alors qu'il était prévu qu'il les prenne, il ne donnait plus signe de vie… Cela a duré comme ça pendant un peu plus d'un an.

Un vendredi où il devait venir les chercher il ne s'est finalement pas présenté. Le lendemain, il m'a dit au téléphone : « maintenant c'est plus comme avant ». Je lui ai demandé : « pourquoi ? ». Il m'a répondu « Maintenant, si je les vois c'est bien, si je ne les vois pas, ils ne me manquent pas ! ». Outrée, je lui ai dit qu'il me dégoûtait de parler comme ça ! Et j'ai raccroché.

Dans l'après-midi, il est arrivé chez nous.(Nous avions aménagés dans un appartement au centre du village les garçons, et moi même.) Matthieu était déçu qu'il ne soit pas venu les chercher comme promis le vendredi. Il ne voulait pas le voir. Finalement, il m'a rejointe sur le seuil de la porte.

Son père lui a dit qu'il était désolé de ne pas être venu le chercher la veille, qu'il était trop fatigué. Il lui a proposé de partir avec lui. Matthieu a refusé. Toutefois, ils se sont mis d'accord pour faire une sortie au Skate Parc du village et qu'il me le ramenait ensuite. Il m'a demandé de préparer les affaires d'Axel. Si Matthieu ne voulait pas aller dormir chez lui, il me le ramenait après le souper, mais il garderait Axel pour la nuit.

Il m'a finalement téléphoné pour m'annoncer que Matthieu avait changé d'avis et qu'il voulait bien dormir chez lui…

Quand il m'a raconté son week-end, Matthieu me disait que le matin, c'était lui qui était allé rejoindre son petit frère quand il se réveillait, pour aller lui donner des jouets dans son petit lit à barreau, pendant que monsieur dormait toujours. J'ai demandé des explications : par SMS, il m'a répondu (je cite) : « je me suis réveillé en pensant à toi… Matthieu s'est occupé de son frère, le temps que je remballe le matos ».

Depuis quelques jours, j'étais en couple avec un ami d'enfance, avec lequel nous avions renoué le contact par une amie commune, suite à ma séparation. Et je ne m'en cachais pas !
Évidemment, Monsieur était vexé, lui qui me disait que jamais plus personne ne voudrait de moi. C'est lui qui se retrouvait seul ! Et maintenant, il tentait de se rapprocher de moi… Il m'envoyait des photos lorsqu'il avait les garçons : tous les trois ensemble,

photos accompagnées d'un petit mot : « On t'aime », ou « bisous de nous ».

Lorsque j'allais récupérer les garçons dans son véhicule, il me disait : « ça y est ! On est tous les quatre maintenant. On ne se quitte plus… ». Et il posait une main sur ma taille ! « Non ! Là, tu lèves ta main tout de suite ou j'appelle mon copain ! ».

Il ne changerait donc jamais ! Comment pouvait-il, ne serait-ce qu'une seconde, s'imaginer qu'après tout ce qu'il nous avait fait, il réussirait encore à se faire pardonner ! Ah non ! C'était bel et bien fini ! À tout jamais, il n'aurait plus d'influence sur moi.

Une autre fois, Matthieu avait eu une gastro. Leur "géniteur" m'appelle à 11 h 00 en me disant que les petits venaient de se réveiller. Or, habituellement, les garçons se réveillaient au maximum à 9 h 00 le matin. Là, il m'a annoncé que Matthieu avait été malade pendant la nuit. Mais du fait qu'il avait pris deux cachets de somnifères, monsieur n'arrivait pas à se réveiller, malgré qu'il l'avait bien entendu l'appeler durant la nuit,. Ce n'est qu'en se levant, en fin de matinée, qu'il a constaté l'état des WC… Donc, Matthieu avait bien été malade…

Mon cœur de maman a été brisé. J'imaginais mon enfant de cinq ans, malade à vomir, toute la nuit, seul et livré à lui-même pendant que son "géniteur" dormait tranquillement.

Et encore ceci : le week-end où il fêtait son

anniversaire, il avait pris les garçons. Monsieur m'a appelé le dimanche, en début d'après-midi, me demandant de bien vouloir venir récupérer les enfants. Il m'a dit « J'ai le nez qui picote, je ne me sens pas bien, je pense avoir attrapé froid hier soir ! Est-ce que tu peux venir les chercher ? Matthieu veut aller à l'accrobranche. Je lui paye l'entrée ! ». Je suis allée les chercher. Le soir Matthieu m'a raconté leur week-end, expliquant qu'ils avaient joué avec les amis de son père : Ils devaient boire des petits verres d'alcool. Il jouait aussi avec eux, mais avec des verre de sirop. Il m'a également dit que le lendemain, son père dormait sur le canapé. Comme Axel l'empêchait de s'endormir, il est reparti dans son lit, les laissant seuls.

Un autre week-end, il devait récupérer Matthieu à l'école à 16 h 20 le vendredi, je l'ai appelé vers 15 h 00. Voyant qu'il ne répondait pas, je suis allée récupérer mon fils. Ce n'est que le lendemain qu'il m'a envoyé un texto m'annonçant qu'il voulait se suicider. On a échangé plusieurs SMS. Il disait « Je te donne 1 000 euros si tu appuies sur la gâchette du flingue que j'ai posé sur ma tempe ».

J'ai alors contacté son frère qui m'a dit qu'effectivement, il n'arrivait plus, lui non plus, à l'avoir au téléphone depuis le jeudi. Il était inquiet, car ils avaient l'habitude de se voir chaque jour. Il s'est rendu chez lui et m'a renvoyé un texto pour me dire que tout allait bien.
Cinéma ! Comme d'habitude.

Chapitre IV
Premier jugement
pour la garde des enfants

Six mois après notre séparation, nous étions convoqués devant le tribunal, afin d'établir à l'amiable les modalités de garde des enfants, nous étions le 19 février 2013.

Nous voilà assis dans le bureau de la juriste. Elle nous demande si nous nous sommes entendus. Monsieur a alors pris la parole en annonçant que finalement l'accord à l'amiable d'un week-end sur deux avec lequel on fonctionnait jusque-là ne lui convenait plus et qu'il souhaitait demander… La garde complète !

Madame la juge lui demande quelles sont les raisons de cette demande ? Et monsieur lui répond qu'il ne croyait pas les enfants en sécurité avec moi, car j'avais un nouvel ami, qu'il ne le connaissait pas, mais qu'il ne le « sentait pas » et n'avait pas confiance.

Madame la juge lui a dit que le fait de ne pas apprécier le nouveau compagnon de la mère des enfants n'était pas une raison valable.

Pour ma part, j'ai annoncé les soucis de garde que nous avions rencontré et le fait qu'une fois chez lui, les enfants - même lorsqu'ils étaient malades - se retrouvaient livrés à eux-mêmes.

Madame la juge a dit que même s'il n'était pas parfait, c'était leur "père", que les garçons n'avaient pas de bleus et ne rapportaient pas de faits de violence. Il pouvait donc garder ses droits les week-ends.

Sortis de là, nous devions prendre rendez-vous avec le médiateur afin d'essayer de trouver un accord. Si, à l'issue de ce rendez-vous, aucun accord n'avait pu être possible, il faudrait faire appel à des avocats de part et d'autre, afin de passer au jugement…

En attendant, on devait respecter l'accord amiable du départ.

Il me faisait marcher : un coup il venait, un coup il ne venait pas. Arrivé devant la juge, finalement, il n'était plus d'accord. Les garçons et moi étions des girouettes. Il jouait avec nous, ne tenait jamais parole…

J'étais loin de me désintéresser de lui, pour le bien des enfants. Mais était-il capable de prendre simplement plaisir à voir les garçons ? Sereinement. D'être réglo avec eux en ne les faisant pas attendre tous les week-ends pendant des heures, voire jusqu'au lendemain ? Quand allait-il arrêter de chercher des histoires ? Était-il possible de vivre comme ça jusqu'à la majorité des garçons ; au moins jusqu'à ce qu'ils aient l'âge de décider par eux-mêmes ?

Car, à ce moment-là, personne ne voulait rien entendre, et rien comprendre. Police, avocats rien n'y faisait ! Si un enfant était revenu avec des bleus peut être aurai-je était entendu !

Mais l'emprise mentale elle n'était pas prise en compte. Pourtant, c'est bel et bien une forme d'agression qui ne se voit pas de l'extérieur, mais qui détruit de l'intérieur !

«Fallait-il en rester là ?»

Chapitre V
Toujours plus loin

À la suite de ces circonstances, monsieur avait décidé d'en arriver à ses fins par n'importe quels moyens.

Douze jours après que la juge lui ait rappelé que le fait de ne pas « apprécier » le compagnon de son ex-compagne n'était pas un argument valable, il est venu récupérer les garçons le vendredi soir, pour le premier week-end de mars 2013. Le dimanche matin, il m'a envoyé un SMS disant : « Ton copain, il leur a fait prendre un bain, avec des attouchements… C'est un acte pédophile ». De ce fait, il avait décrété qu'il était hors de question qu'il me les rende.

Je me suis demandé comment il pouvait être possible d'être aussi dérangé, il fallait vraiment qu'il arrête ses conneries. Là, on se serait cru dans un mauvais film ou tout était bon pour continuer à garder une emprise sur moi en se servant des garçons !

Une amie, mon compagnon et moi-même, nous nous sommes rendus au commissariat de police, où un policier nous a dit qu'il ne pouvait rien faire tant que le jugement n'avait pas été rendu. Il nous a dit qu'on pouvait éventuellement essayer de se rendre à son domicile, pour voir s'il acceptait de nous les rendre. Si, par contre, il ne les menait pas à l'école le lundi matin, il faudrait revenir pour déposer une main courante.

Nous nous sommes donc rendus chez monsieur. Il est sorti sur son balcon. On lui a demandé de nous rendre les enfants et de nous expliquer pourquoi il se permettait d'accuser mon compagnon de pédophilie ? Il nous a répondu que la veille, il avait donné le bain à Matthieu. Il ne voulait pas se laisser savonner. Il lui a alors demandé comment il faisait chez sa maman. Il lui aurait répondu : « c'est soit maman, soit son compagnon qui me lave ». On lui a expliqué que faire prendre un bain à un enfant, ce n'était pas être pédophile ! Ma copine lui a dit qu'elle-même, en baby-sitting, elle donnait le bain aux enfants à la demande des parents et que laver un enfant, ce n'est pas lui faire subir des attouchements…

Il nous a répondu que mon ami n'était pas leur père, que ce n'était pas son rôle de faire ça.

La voisine est sortie sur son balcon. Il s'est mis à crier : « Lui, là ! Il a fait des attouchements sur mon fils ! ». Le ton est monté. Mon ami et lui se sont disputés. Il est alors rentré en refermant son balcon. Il est ressorti un instant après, pour fumer une cigarette. J'ai aperçu mes fils, il refusait qu'ils descendent me voir.

Prévenue, la police est ensuite intervenue. Je leur ai expliqué la situation : je venais pour récupérer mes enfants et monsieur ne voulait pas me les rendre. Ils sont montés dans l'appartement pour lui parler et vérifier que tout allait bien. Il s'est engagé devant eux à amener Matthieu à l'école le lendemain.

Le lundi matin je me suis rendue à l'école de mon fils : il n'était pas là. Je suis donc retournée au commissariat pour déposer une main courante.

À 13 h 20 je suis revenue à l'école, pour voir s'il était là, car je savais que monsieur se levait toujours très tard le matin. Je pensais que, peut-être, l'après-midi, il y aurait plus de chance de les voir arriver. Mais ils n'y étaient pas.

Comme je n'arrivais toujours pas à le joindre au téléphone, j'ai repris le chemin du commissariat. Et je l'ai croisé en route. J'ai fait immédiatement demi-tour et je suis repartie pour l'école.

Du parking, je suis descendue à pied à l'école, demandant à mon compagnon qui m'accompagnait de se tenir à l'écart. La directrice a conduit Matthieu en classe, sans qu'il me dise bonjour. Il regardait son père lorsque je lui demandais un bisou. Avait-il reçu des menaces et une interdiction de son père ? Monsieur avait-il tenté de monter mon enfant contre moi ?

Lorsque la directrice est revenue fermer le portail, j'ai alors pris Axel par la taille et j'ai demandé à son père qui le portait de me le rendre. Il l'a lâché, m'a dit : « Tu lui fais un câlin et tu me le redonnes ».

Tout en serrant mon fils contre moi, je me dirigeais vers la voiture. Il me tirait par les bras… Je lui ai dit : « tu ne me touches pas ! ». Il continuait…

J'ai essayé de passer derrière le portail de la crèche afin de le refermer derrière nous, mais il a tenu la porte et m'a bousculé.

J'ai alors crié : « à l'aide ! ». Mon compagnon est intervenu. Ils se sont battus et monsieur s'est retrouvé à terre : mon compagnon avait le dessus.

J'ai alors calmé mon ami et nous sommes repartis. Fidèle à lui-même, monsieur, sur le chemin du retour continuait la provocation en disant : « Ton mec, il frappe comme une fillette ! ».

J'ai porté Axel chez papi et mamie, loin de tout ça ! De retour au commissariat, les gendarmes nous ont envoyés aux urgences pour faire constater les blessures. Arrivé là, monsieur y était déjà, en salle d'attente. Il s'est levé et s'est approché de nous avec un grand sourire !

« Ça va ? », a-t-il dit ? Mais dans quel monde vit-il ? Comme à son habitude, une fois son petit manège terminé, il redevenait agneau ; comme s'il avait tout oublié. Comme si rien ne s'était passé.

Nous l'avons ignoré quelques instants. Mais j'ai décidé de profiter de sa bonne disposition à vouloir discuter pour lui demander pourquoi il n'avait pas mis Matthieu à l'école le matin. Il m'a répondu qu'il avait mené mon fils de cinq ans devant la police, afin qu'il porte plainte…

En fin d'après-midi, il m'a envoyé un texto : ce n'était plus : « Il est hors de question que je te les rende ». Maintenant, il disait : « Je comptais les garder la semaine et te les rendre vendredi ». Il jouait, il jouait ! Ça n'arrêtait pas ! À son petit jeu, il avait ajouté un quatrième pion. Dans sa ligne de mire, une nouvelle personne à pousser à bout : mon ami !

L'heure d'aller récupérer Matthieu à l'école était arrivée. J'ai laissé mon ami aux urgences et suis partie pour l'école. Arrivée au portail, monsieur y était déjà. Mais ma mère et une de ses amies étaient là aussi. Elles lui ont parlé, lui expliquant de laisser les petits à leur mère, qu'il les faisait souffrir… etc.

Il ne savait que répondre. Confronté à deux femmes qui avaient des arguments et de la repartie, il était un peu déboussolé. Il s'est énervé et il est parti en disant « qu'il allait tous nous mettre dans la merde ».

Suite à ces événements, nous sommes retournés au commissariat afin de porter plainte pour ses propos mensongers, pour ses fausses accusations.

Une policière nous a reçus dans son bureau. Elle a consulté son ordinateur, car notre demande l'étonnait. Elle ne trouvait ni plainte, ni déposition à ce sujet. Elle nous a dit qu'il avait peut-être essayé de venir avec le petit, mais que les gendarmes n'acceptaient pas « tout et n'importe quoi » comme déposition. Et qu'en l'occurrence, rien n'avait été retenu.

M'avait-il menti une fois de plus ? Avait-il amené Matthieu au commissariat ? Cherchait-il encore à nous pousser dans la colère, sans mettre ses menaces à exécution ?

En vérité, Matthieu m'en a parlé : ils avaient bien été au commissariat voir des policiers, ceux « qui ne mettent pas les gens en prison… ». C'est ce qu'il m'a raconté avec ses mots d'enfant.

Les six mois qui ont suivi, monsieur a continué à prendre les garçons, mais de moins en moins souvent.

Arriva enfin le jour du jugement. Nous entrons dans la salle d'audience, face aux juges. Nous étions seuls, mon avocat et moi. Le jugement a donc été reporté car la partie adverse n'était pas présente. En d'autres mots, il ne s'était pas déplacé et n'avait pas mandaté son avocat.

Convoqués à nouveau quelque temps plus tard, toujours personne face à nous. J'ai donc obtenu sans discussion la garde des garçons. Monsieur avait malgré tout le droit de les voir un mardi soir, un mercredi et un week-end sur deux. Plus la moitié des vacances scolaires.

Chapitre VI
Son petit jeu ne lui plaît plus ...

Son petit jeu devenait compliqué : j'étais maintenant soutenue et bien entourée. Il n'avait plus d'emprise sur moi. Ma mère et son amie me conseillaient, mon nouveau compagnon n'avait pas hésité à en venir aux mains pour prendre ma défense, les policiers l'avaient probablement reconduit à la porte gentiment, sans accepter sa plainte.

Et sûrement qu'à la lecture du compte rendu du jugement, il a bien dû réfléchir : sa demande de garde complète n'avait pas été retenue ; ni sa demande de garde alternée, une semaine sur deux.

Les week-ends qui ont suivi, il repoussait toujours plus loin l'heure pour venir les chercher. Quand je lui écrivais pour savoir à quelle heure il comptait venir, il me répondait : « je viendrais quand ça me chante ! ». Ou bien, si je lui demandais : « Une fois encore, tu n'as pas prévu de les prendre ce week-end ? », il répondait « tu vois bien que je ne suis pas là. Alors bon week-end ! ».

Puis les messages ont changé : il disait qu'il ne voulait plus les prendre parce qu'il avait l'impression de faire du baby-sitting pendant que moi, je profitais pour passer du bon temps avec mon mec.

Enfin il m'a annoncé qu'il avait un cancer, qu'il

n'allait pas tarder à mourir ; et il a poursuivi en me proposant de récupérer les affaires des garçons qui restaient chez lui avant qu'il décède.

Le lendemain, je lui annonçais que j'avais eu son frère au téléphone et que je savais que, comme pour l'histoire du suicide, son cancer ce n'était bien sûr qu'un pur mensonge. Un de plus.

Je lui ai demandé s'il comptait revoir les garçons. Alors, il m'a dit qu'il partait définitivement à l'étranger en fin de semaine. Que c'était le délai qu'il m'accordait pour récupérer leurs affaires. Qu'à la fin de la semaine, si je n'avais rien fait, il s'en débarrasserait.

Il nous a donc fait passer tous les jouets et vêtements restant, par l'intermédiaire de son frère, pour ne pas avoir à nous revoir. Je suis allée récupérer les affaires. Son frère avait insisté auprès de lui, afin d'être sûr qu'il ne souhaitait pas passer voir les garçons.

Même si, pour ma part, je n'avais pas du tout envie qu'il vienne, je ne disais rien et je n'en pensais pas moins. Malgré l'insistance de son frère, monsieur était catégorique : c'était un NON ! Ferme et définitif.

Nous sommes repartis. Bien sûr, j'avais appris qu'il n'avait pas, non plus, l'intention de déménager à l'étranger. Encore une histoire inventée de toutes pièces.

Et là, ce fut terminé. Nous n'allions plus entendre parler de lui. La maîtresse du CP de

Matthieu lui a envoyé ses résultats scolaires.Les garçons lui ont laissé des messages vocaux… Sans réponses !

Nous n'avons plus jamais eu aucune nouvelle.

Chapitre VII
Nouveau départ

Voilà ! L'impensable était arrivé, en même temps qu'un réel et immense soulagement.

Pour mon vécu et celui des garçons, sa décision de les abandonner était lâche. Mais elle allait nous permettre de construire notre petit univers. Sans mensonges, sans méchanceté, sans douleur. Du haut de leurs 1,5 et 6 ans respectifs, les enfants ne comprenaient pas toujours tout ce qui leur arrivait, mais j'étais là pour leur expliquer et les aider à mieux faire face.

J'étais bien consciente qu'il nous rendez service en s'effaçant car il était inutile de garder des liens avec une personne qui n'aurait, de toutes les façons, jamais cessé de détruire les plus faibles autour de lui, qui nous aurait imposé une souffrance permanente.

Au début, bien sûr, les garçons réclamaient leur "papa". Mais ils ne montraient pas de marques de stress. Leur scolarité était exemplaire ! Jamais de maux de ventres. Jamais de rébellion. Je ne leur ai rien caché, tout en faisant attention à bien peser mes mots pour les épargner au maximum. Je leur ai dit que leur "papa" avait décidé de partir vivre à l'étranger et que là-bas, il n'y avait pas le téléphone.

Puis, en temps et en heure, ils ont su que sa décision était de ne plus les revoir. Définitivement.

Qu'il avait choisi un autre chemin. Mais qu'en aucun cas ils étaient, eux, à l'origine de sa décision, Ça ne venait uniquement de lui, il n'était pas très bien dans sa tête et il avait choisi cette situation !

Matthieu vivait avec ses souvenirs : il se rappelait qu'il était méchant avec maman. Alors, ils ont très vite tourné la page ! En grandissant, il m'arrivait de leur demander s'ils avaient des questions, s'ils y pensaient quelquefois… Surtout au moment des cadeaux scolaires de la fête des Pères.

Eh bien non ! Il faut dire que leur maîtresse était assez précautionneuse à ce niveau. Elle demandait aux enfants de préparer un cadeau « pour qui ils souhaitaient ». S'ils n'avaient pas de contacts avec leur papa, ils pouvaient quand même choisir une autre personne. Alors, parfois c'était pour mon compagnon, d'autres fois pour leur maman.

Quant à moi, le chemin était encore long. Je n'étais pas ressortie indemne de cette relation.

Au début quel soulagement de ne plus avoir affaire à lui !

Ce n'est que bien plus tard que la perte de mon idéal de la famille avec « papa - maman - les enfants » m'est arrivée en pleine figure.

C'était une journée comme les autres. À la radio, une simple chanson qui parlait de l'amour d'un père pour son fils a suffi à me faire fondre en larmes, sans que je m'y sois préparée, ni même y avoir pensé.

C'est venu du plus profond de moi, comme une

vague : la tristesse de l'échec, pour mes garçons. Ils méritaient tellement d'amour ! J'avais cru cette peine définitivement enfouie en moi, elle m'a envahie par procuration. Pour eux. Je ne pleurais pas ma propre douleur ; car, en réalité, j'étais contente de ne plus voir cet homme. Mais c'est cette peine intense de savoir que peut-être, un jour, dans la vie de mes enfants, cet élément manquant pourrait les rendre tristes.

À chaque fête des Pères, ou bien chaque fois qu'un copain d'école leur racontait son week-end, les bons moments qu'il avait partagé, vécu une simple relation « père fils », c'était comme un deuil : mes fils n'auraient pas ce modèle des parents unis dont j'avais tant rêvé.

J'angoissais beaucoup. Au début, j'avais beaucoup de mal à appeler ça du "stress". Pourtant, mon physique révélait ces émotions. Lorsque les médecins me demandaient si j'étais stressée, je leur répondais : « Que non ! ».

Après tout, pourquoi aurais-je dû être stressée ? Mes enfants étaient en pleine forme, mon nouveau couple vivait bien…

Je voulais à tout prix trouver une cause médicale, une carence ou autre chose, peu importe. J'avais consulté plusieurs docteurs, le cardiologue, l'ORL… Tout allait bien. Le seul petit détail, c'était un manque de vitamine D.

Le médecin m'en a donc prescrit une ampoule, ainsi qu'un médicament pour calmer ces angoisses, contre le stress, moins contraignant qu'un antidépresseur.

En apparence, j'avais retrouvé le sourire, mais au fond de moi je sentais mon corps trembler, se révolter de l'intérieur. J'avais le souffle court, des douleurs à l'estomac…

J'étais comme une enfant : toujours besoin d'être accompagnée partout où j'allais. Même pour faire de simples courses…

Je ne l'avais pas analysé tout de suite, mais j'avais sûrement peur de me retrouver face à moi-même. Je me disais toujours qu'il ne fallait pas que je sois seule, j'avais peur qu'il m'arrive quelque chose. Car, malgré tous les examens médicaux, dans ma tête, il y devait bien y avoir quelque chose qu'ils n'avaient pas trouvé. J'avais toujours du mal à admettre qu'un simple stress pouvait autant se manifester par des douleurs physiques.

Dès que mon compagnon repartait au travail, je stressais. Dès que mon frère devait rentrer chez lui, je stressais… La vie continuait, mais j'étais comme prisonnière de moi-même. Tout ce que je ne connaissais pas était une barrière infranchissable, seule ma petite routine me rassurait… Et encore pas toujours !

Je me comportais de façon incohérente : et si ceci… Et si cela ! J'étais pourtant bien libérée de celui qui m'avait entraînée jusque-là, mais j'avais bien du mal à remonter la pente.

J'avais l'impression de vivre toutes les

angoisses possibles et imaginables. Ça a commencé par de l'hypocondrie, puis la peur de conduire, jusqu'à la peur d'être seule…

Et finalement la peur de mourir…

Deuxième partie:

La reconstruction

AVERTISSEMENT

Arrivée a ce stade de stress chronique, il était indispensable que je puisse me reconstruire, me libérer de tout ce que cet épisode malheureux avait pu dérégler dans ma vie et dans celle de mes enfants.

Je vais vous expliquer dans cette deuxième partie ce qui m'a permis de reprendre le dessus, même si je n'ai rien oublié. Dans d'autres circonstances, on appelle ça « faire son deuil ». Même si ce n'est pas aussi dramatique, la similitude est frappante : on sait qu'on ne peut rien oublier. On ne se refait pas, on s'adapte à une situation nouvelle, heureusement plus confortable.

Je vais vous donner des détails sur ce qui m'a permis d'arriver à mes fins, sur mon cas personnel.

Mais je ne suis ni Docteur, ni psychiatre. Ce qui m'a été prescrit n'est pas forcément ce qu'il faut pour tous les patients. Chaque cas est particulier.

Ce qui compte, c'est l'état d'esprit dans lequel se situe cette « reconstruction ».

ÉTAPE 1
La prise de conscience

Pour commencer, il fallait que je prenne pleinement conscience de la situation nouvelle qui m'était imposée.

Bon ! Là, j'étais vraiment face à des crises d'angoisse. Ce n'était pas médical, mais bien d'ordre psychologique ! De ce fait, il fallait que je mène un combat contre moi-même. Et avec moi-même !

Il fallait éloigner de moi tout ce qui déclenchait ces maux et réussir à créer une bulle de protection autour de moi. Pour que plus rien ne m'atteigne. C'était forcément impossible d'éloigner totalement toutes sources de stress du jour au lendemain.

Donc au lieu de vouloir à tout prix éloigné le stress, il a plutôt fallu l'accepter et ne plus le craindre pour faire en sorte qu'il s'en aille au plus vite. Il fallait le laisser passer au travers de moi, sans l'emprisonner. Si une crise d'angoisse arrivait, je devais vite penser à autre chose. Je ne devais pas lui permettre de s'installer.

Au début je continuais à utiliser beaucoup ma bouée de sauvetage : le téléphone. Avec toujours la même question qui revenait sans cesse dans mes appels : « si tu étais à ma place, tu ferais quoi, toi ? ». J'avais beau avoir entendu plusieurs fois les réponses de mes interlocuteurs, ça me rassurait un peu de me dire : « Ah ! Bah ! S'ils ont des solutions, des idées, ce n'est pas une cause perdue d'avance ».

En réalité, je n'en avais pas conscience, mais ça me rassurait malgré tout. Pourtant, je ne mettais pas toujours en pratique leurs conseils bienveillants. Et pourquoi ? Je ne savais pas ! Un manque de motivation ? Un manque de temps ?

Mon frère me conseillait des séances de méditation. Mais à cet instant, j'étais trop mal ; je ne voulais pas faire quoi que ce soit qui soit nouveau pour moi, que je ne connaissais pas. J'étais trop bloquée ; à m'écouter et m'écouter encore. J'avais le souffle court en permanence et par moments, j'avais cette sensation d'avoir oublié de respirer. Tout d'un coup, je me surprenais en train de prendre une grande inspiration. Elle me ramenait toujours vers moi, vers ce blocage de tout le haut du corps qui m'obligeait même à devoir contrôler ma respiration, pour ne pas l'oublier.

Ça faisait rire certains, lorsque je disais qu'il m'arrivait d'oublier de respirer. Mais c'était le ressenti que j'en avais. Je n'étais vraiment pas prête pour accueillir quoi que ce soit de l'extérieur. Trop recroquevillée sur moi-même pour imaginer une minute pouvoir juste m'allonger et me détendre. C'était impossible.

À ce moment-là, j'avais vécu tellement longtemps avec ce mal qu'il faisait partie de moi. Le combattre, c'était comme combattre une partie de moi-même. Et, à cet instant, je ne trouvais pas la force en moi.

Au fil du temps, je me disais qu'à trop crier au loup, le jour où j'aurai vraiment besoin d'aide, plus personne ne me répondrait.

Alors, lorsque je téléphonais, je ne parlais plus à mon interlocuteur de mes crises d'angoisse. On papotait simplement. Ceux qui me connaissaient savaient que j'avais besoin de parler un petit moment et lorsque la pression commençait à redescendre, on pouvait raccrocher.

Petit à petit, j'ai appris à m'interdire de déranger tout le monde, à toute heure et m'imposais de n'appeler que vraiment si j'avais essayé d'autres moyens avant.

Ce ne fut pas simple d'enfin réussir à me retrouver face à moi-même et de réussir à me calmer toute seule. J'ai continué à passer des tas d'appels avant de franchir ce premier pas. J'avais enfin compris que ce combat, il faudrait en venir à bout toute seule. Et c'est très important de le comprendre et de l'assumer. Car toutes les personnes qui nous entourent peuvent représenter un réel soutien, mais au final on se dit : « Bon ! Tant que je suis en compagnie d'untel ou d'untel, tout va mieux ». Et je devenais alors comme une sangsue, un parasite qui a besoin de quelqu'un pour exister.

Là, j'ai compris qu'une des clefs se trouvait dans mon acceptation de me retrouver face à moi-même. Et finalement, je finirais bien par me rendre compte que j'étais plutôt sympa comme fille !

Il fallait s'occuper l'esprit et le corps. Mais

comment ? Très vite, je suis partie à la quête du bonheur comme si j'allais passer un oral sur le sujet. Il fallait que je connaisse tout de mon ennemi, afin de le vaincre.

Je me suis alors engagée dans des recherches. Au lieu d'aller sur internet pour regarder d'où pouvait venir tel ou tel symptôme, ce qui amenait des réponses toujours plus anxiogènes les unes que les autres. J'ai décidé de rechercher plutôt « comment soigner les angoisses ». Je lisais des forums avec des personnes dans le même cas. Comment avaient-elles fait pour s'en sortir ?

À mon grand regret, j'ai vite compris qu'il n'y avait pas de recette miracle. J'ai donc continué ma progression personnelle et, même si je ne trouvais pas de réponse sur ces forums, au moins je me rendais compte que je n'étais pas la seule à en souffrir. Que, d'ailleurs, de nos jours, c'était même très répandu : on nommait cela « la maladie du siècle ».

Chacune, chacun avait eu un cheminement différent et des raisons qui lui étaient propres. Mais pour tous, le résultat était le même : il fallait mener notre combat vers la guérison pour enfin retrouver l'enfant qui vit en nous, « l'enfant intérieur », insouciant, joyeux et sans peur. J'avais enfin pris conscience que j'étais véritablement stressée. Fini le déni, j'allais pouvoir passer aux étapes suivantes.

L'enfant intérieur et la respiration

Pour en savoir plus, j'ai décidé de suivre, via YouTube, des vidéos de méditation. S'il y en a une qui m'a particulièrement aidée, c'est bien cette rencontre avec « mon enfant intérieur » dont je venais de découvrir l'existence. Tranquillement allongée sur mon lit, j'écoutais et me prêtais au jeu proposé, en suivant le plus assidûment possible les vidéos sur ce sujet.

Il me faudra plusieurs méditations guidées avant de réussir à guérir mon « enfant intérieur ». Dans les premiers temps, réussir à visualiser au mieux toutes les étapes me demandait beaucoup de concentration, alors qu'en réalité, il fallait plutôt lâcher prise, jusqu'à ce que les pensées positives viennent d'elles-mêmes.

J'en ai écouté plusieurs et cela me faisait du bien. J'ai trouvé là un premier moyen de gérer les crises d'angoisse : un casque audio pour s'isoler, une vidéo de méditation et on se laisse guider.
Les méditations sur le « lâcher prise » sont également très intéressantes pour vaincre ses angoisses. Lors de ces séances, on insiste beaucoup sur la façon de gérer sa respiration. C'est l'un des éléments clefs à mettre en place. Il existe plusieurs exercices concernant la manière de conduire sa

respiration. Certains avec des temps d'arrêt, d'autres sans. Le but étant d'avoir une expiration lente et longue : inspirer, bloquer trois secondes, expirer tout l'air au maximum…

À mes heures perdues, j'ai également suivi des séances vidéo de yoga, dans lesquelles la respiration est également très importante.

ÉTAPE 3
Rituels et médecine douce

Pour continuer à me retrouver, j'ai mis tout un tas de petits rituels en place : Chaque matin je commençais par m'étirer, et le soir au coucher je m'autorisais des séances d'auto-massage. Au départ simplement en me massant la nuque, les épaules et le ventre.

Par la suite j'ai acheté un bâton de massage des « trigger points » sur lequel j'utilisai un baume de massage aux senteurs apaisantes.
Et je me suis intéressée de plus près aux « points d'acupression », et à l'auto massage par le chi, des techniques qui viennent des maîtres taoïstes.

Je me suis particulièrement penchée sur ce point, avec l'achat d'un livre de poche qui traitait du sujet que j'ai mis en pratique lors de mes séances d'auto-massage.

De temps en temps, un bain parfumé aux huiles essentielles, avec quelques bougies pour créer une ambiance douce et pour se vider la tête : regarder la flamme danser, une petite musique douce et vous voilà totalement relâchée dans notre peignoir tout chaud, devant un bon film. Soirée détente assurée.

J'ai aussi fait l'exercice des bonhommes allumettes. Ils permettent de rompre les liens d'attachement agissant sur notre subconscient, pour permettre de libérer ceux qui sont toxiques ; en coupant les liens énergétiques négatifs. On peut renouveler l'expérience sur toutes les personnes auxquelles on ne souhaite plus avoir à faire.

L'exercice consiste à dessiner deux bonhommes allumettes, de part et d'autre d'une feuille. On écrit les noms respectifs : moi-même et une autre personne. Puis on entoure individuellement chaque petit personnage de lumière, car, même si on veut couper les liens, il ne faut pas souhaiter du mal pour autrui…

Puis on entoure l'ensemble des deux personnages de lumière. On peut alors noter la liste de tout ce que l'on souhaite libérer dans la relation avec cette personne : sa colère, son emprise sur autrui… On relie les 7 chakras d'un bonhomme à l'autre. On déchire (ou on coupe au ciseau) la feuille entre les deux personnages pour rompre les liens, en accompagnant le geste d'une parole à haute voix : « Voilà ! C'est fait ! Les liens toxiques sont rompus ! ».

Pour ce qui était de la médecine douce, j'utilisais l'huile essentielle de lavande fine. Quelques gouttes à l'intérieur des poignets que l'on frotte l'un contre l'autre. Accompagné de deux molécules de granules homéopathiques : Gelsemium et Ignatia Amara (posologie a voir avec votre médecin traitant).

Si je savais que je devais prendre la voiture ou me retrouver seule, j'en prenais, ainsi qu'un traitement aux plantes antistress vendu en pharmacie contenant de la mélisse, de l'aubépine, du magnésium et du calcium.

J'ai également eu recours à la médecine traditionnelle pour les douleurs qui tendaient mes épaules. Je m'autorisais parfois du paracétamol. Moi qui n'appréciai guère les médicaments, j'ai enfin accepté de temps en temps d'en prendre et quel soulagement ! Car j'avais dans l'idée qu'un simple cachet de paracétamol suffisait à faire disparaître ma douleur, c'était bien que rien de grave ne l'avait provoquée.

Et pour l'estomac, j'ai fait des cures d'un à deux mois sous médicaments. Lorsque la douleur à l'estomac se calme et ne brûle plus, on sent nettement le nœud se défaire et le corps se décrisper. Ce qui permet également de pouvoir un peu se relâcher.

Par la suite, je suis passée soit à l'eau pétillante riche en bicarbonate, soit une cuillère à café de bicarbonate de soude dans un grand verre d'eau lors des douleurs. J'ai également fait une cure de probiotique, en cas de constipation, du psyllium, et contre les ballonnements du charbon+ levure (compléments alimentaire)
Voilà toute la médecine à laquelle j'ai eu recours. Je le répète, cette prescription était personnelle. Elle doit être contrôlée et approuvée par les spécialistes médicaux.

ÉTAPE 4
Changer d'état d'esprit

Petit à petit, je me suis canalisée. À certains moments, le contrôle paraissait impossible, à d'autres moments j'étais plus réceptive.
Le temps passait et, peu à peu, je me réappropriais mon corps. Car, au fond, j'avais effectivement pris conscience que le corps et l'esprit n'étaient plus en harmonie. Je me croyais forte, je ne me pensais pas stressée. Mais le corps n'était pas d'accord. Et il le faisait savoir.

Mais pourquoi m'envoyait-il tous ces signaux ? Il fallait que je le comprenne. Je suis tombée un jour sur une vidéo qui expliquait pourquoi notre corps réagissait face au stress que nous impose notre société moderne. C'était expliqué très simplement, avec comme exemple un petit lapin qui est pourchassé : il s'aplatit au sol, son cœur ralentit. S'il est débusqué, son cœur s'accélère tout à coup pour qu'il puisse courir.

Mais de nos jours le danger n'est plus résolu par une fuite en courant. Nous ne sommes plus pourchassés. Pourtant, notre corps est bel et bien programmé avec cet instinct de survie. Notre société et notre éducation ne nous permettent plus de vivre cet instinct sauvage. On nous a appris dès notre petite enfance à ne pas crier, à accepter la punition et la soumission à l'autorité.

Alors, que doit faire notre corps face à une attaque inconnue qui n'est pas physique ? Lui, notre corps, il ne le sait pas ! Ou plutôt, il ne le sait plus. Je n'allais pas partir en courant, comme le faisait le petit lapin, lorsque quelque chose m'angoissait ! Par contre, je commençais à comprendre les bases du mécanisme du corps humain. D'où pouvaient venir les palpitations.

Vous remarquerez que lorsque quelqu'un est agacé ou énervé, il pousse un grand soupir ! Chose qu'il fait naturellement, sans y prêter attention. « Un gros soupir et c'est reparti ! ».

Lorsqu'on est trop sous pression, tout le haut du corps se bloque, les épaules se recroquevillent, le dos est voûté et le diaphragme complètement bloqué et tendu. C'est pour cela que la respiration devient difficile et que les mécanismes naturels sont bloqués.

Il faut alors détendre ses muscles pour se libérer du stress. En commençant par adopter une meilleure posture : en laissant retomber des épaules et en ouvrant le buste. Cela permettra au nerf vague de se libérer : également appelé nerf pneumogastrique, il régule aussi bien le rythme cardiaque, la digestion ou même certaines sécrétions hormonales. Méconnu du grand public, ce nerf "miracle" est la star montante en matière de bien-être et de santé. En le stimulant, la respiration se fera plus facilement et le diaphragme pourra se décontracter et s'assouplir grâce à quelques exercices d'étirements et de respiration.

Vous voyez ! On avance. Une bonne posture, une médecine douce et une bonne respiration par quelques rituels « détente ». Tout cela pour se réapproprier son corps et s'y sentir bien à nouveau. Il va également falloir travailler le mental. Le corps et l'esprit sont liés : l'un ne va pas sans l'autre chez les humains. Pour le mental, bien sûr, les séances de méditation m'ont aidé.

Mais il fallait également changer toute ma façon de penser, afin de réussir à dire "stop " tout de suite pour ne plus se laisser envahir et freiner par ses angoisses. Pour un mental efficace, il faut tout d'abord un corps reposé. Il fallait donc que je commence par me coucher plus tôt. Et, si possible, m'autoriser une petite sieste.

Un grand verre d'eau au coucher pour détoxifier et au lever pour favoriser la mise en route de tout le corps. Comme on donne du carburant à une voiture. L'eau est essentielle au corps.

Puis il a fallu se poser les bonnes questions :
- Si je me voyais de l'extérieur, comment me trouverai-je ?
- Aurai-je envie d'être amie avec cette personne ?
- Si je devais conseiller cette personne, qu'est-ce que je dirai ?
- À qui aimerai-je ressembler ?
- Pourquoi, au final, ne pourrai-je pas être cette personne que j'admire, qui m'inspire ?

Voilà. Je voudrais me voir comme une femme

sereine, une femme aventurière qui part au-delà des frontières avec ses enfants, avec juste cette envie irrépressible de vivre son bonheur à deux cents pour cent.

Bon. Maintenant il allait falloir se donner le coup de pied aux fesses pour avancer dans ce sens. Je devais me réprimander moi-même en utilisant le même principe de l'enfant intérieur, en dehors des méditations guidées. Cela en pleine conscience. Je devais, d'un point de vue imagé, devenir ma propre mère pour m'aider à avancer.

ETAPE 5
Toujours revenir au présent

Autre travail à faire sur soi-même : toujours se ramener à l'instant présent. En se répétant plusieurs fois : « Jusqu'ici tout va bien, il n'y a pas de raison pour que ça ne continue pas ». Puis, au pire, si besoin était, je réagirai en temps et en heure. Inutile de se morfondre à l'avance.

Fini le stress par anticipation. C'était NON !

Il a fallu tout réapprendre. D'abord à utiliser ses cinq sens : la vue, l'ouïe, l'odorat, le goût et le toucher. Les qualités organoleptiques sont définies comme étant l'ensemble des propriétés mesurées par les différents sens de l'individu. Jaugées dans le cadre d'une analyse sensorielle, ces propriétés peuvent permettre de dégager un profil sensoriel.

La vue : Elle ne devrait pas nous tromper ! Ce que l'on voit est bien présent, mais il faut aller plus loin et s'en émerveiller. Imaginez : vous n'avez dans votre champ de vision, face à vous, que des immeubles moches. Eh bien, il faut aller chercher plus loin, dans tous les détails. Et voir les milles couleurs de la vie ! Un nuage ? Un rayon de soleil ? Un papillon qui passe ? Un coucher de soleil ? Tout ce qui fait du bien, qui engendre une pensée positive est bon à prendre.

Ou profiter d'une balade - même en ville - pour

« voir ». Voir au plus profond des choses : cet homme, là, qui regarde son enfant avec un regard plein d'admiration, à quoi peut-il bien penser ? Et ce chien, au regard perdu et hagard, que cherche-t-il ? Vous avez compris la technique : chercher à voir au-delà de ce qu'un premier regard découvre, et prendre conscience des mille merveilles qui nous entourent. Il faut voir ce qui paraît invisible : un ressenti, une émotion… Et, pourquoi pas, le dessiner ou le peindre ?

L'ouïe : L'ouïe est très facile à utiliser. Elle passe par plusieurs choix. On peut continuer à entendre les voisins crier, le remue-ménage des travaux dans la rue, ou bien le chien au bout de la rue qui aboie toute la journée… Ou bien choisir de ne pas subir ce l'on tente de nous imposer. On va plutôt choisir une musique douce, comme lors d'une séance de relaxation ! Eh oui ! Écouter peut faire du bien ! Selon nos humeurs, une musique peut aussi être entraînante ! Ou même triste si le besoin est de se laisser aller aux pleurs qui sont alors la conséquence d'une émotion consentie. Ou bien cette chorale d'oiseaux dans l'arbre… Et les mots doux de nos enfants. Il ne faut pas oublier de rendre cette tendresse, car tout ce que nous prenons, il faut le faire circuler et apporter ces bienfaits autour de nous.

On peut aussi s'instruire, écouter des reportages sur les sujets qui nous passionnent. Ou bien l'ouïe peut également entendre ce que l'on n'entend plus : des gouttes d'eau de pluie qui tombe au sol, le vent dans les feuilles… Les bruits de la nature, ces sons oubliés qui sont pourtant si apaisants lorsqu'on s'ouvre à ce qui nous entoure.

L'odorat : l'odorat aussi nous parle. Les odeurs éveillent en nous des souvenirs, des émotions. Notre mémoire personnelle nous fait parfois vivre cette sensation de « déjà-vu ». Oui ! Cette odeur nous rappelle non seulement l'herbe fraîche après la pluie, mais aussi le souvenir d'une bien jolie balade en famille. Ou ce parfum qui évoque telle ou telle personne ! Cette odeur de propre ? Ou cette odeur de « vieux » ? Toutes ces odeurs dont beaucoup nous ramènent à notre enfance… On nous conseille souvent de respirer à pleins poumons lors d'une balade en forêt ! Oui ! Ici, à l'ombre des pins, il faut profiter pour sentir… Les fleurs, les arbres… Et même l'odeur humaine ! L'odeur de notre bébé ou toute autre odeur peut être apaisante !

Il en existe une infinité, chaque odeur peut ranimer un souvenir. Avons-nous en mémoire certains parfums de notre adolescence ? Ou celui de notre maman ?

C'est pour cela qu'on associe les huiles essentielles, comme celle de lavande fine, aux périodes de relâchement, car l'inconscient confondra rapidement cette odeur caractéristique avec la détente.

Le goût : On sait bien que le goût des bonnes choses s'associe très facilement au plaisir ! Un carré de chocolat ? Une bonne fraise fraîchement cueillie en saison ? Un petit chocolat chaud une soirée d'hiver ? Le café du matin ? Les goûts se marient aux couleurs… À chacun son petit plaisir quotidien.

Mais, là encore, il faut déguster, savourer, prendre le temps de garder les arômes en bouche. Et vous voyez : sans y penser, j'ai associé la fraise à la bonne saison et le chocolat chaud à l'hiver ; Là encore tout est mémorisé, tout est en nous. À chaque saison, ses plaisirs différents. Varier les plaisirs…

Le toucher : La sensation du toucher peut passer par l'auto massage dont je vous ai parlé un peu plus haut. Mais également par beaucoup d'autres gestes, d'autres contacts… Un câlin ? Une main qui en frôle une autre ? Un parterre d'herbe fraîche ou de sable chaud sous nos pieds nus ? Un coussin tout doux sur notre visage ? Caresser un chien, un chat ? Frotter ses pieds l'un contre l'autre avant de s'endormir ? Ou même le soleil qui vient toucher notre visage de sa douce chaleur ? Le vent qui caresse nos cheveux ?

Le toucher est omniprésent autour de nous, par une multitude de petites choses auxquelles nous ne prêtons plus attention. À nous de savoir apprécier les choses simples !

Voilà ! Faites de tous ces petits détails quotidiens votre nouvelle façon de profiter de l'instant présent !

La loi de l'attraction

Désormais, je vois la vie comme un joli tableau. Et si nous choisissons d'y mettre de la couleur, alors nos pensées et ce qui nous arrivera sera bon.

A contrario, si nous choisissons de le peindre en noir en l'associant à des pensées négatives, l'attraction du mal continuera à entrer chez nous !

Imaginons deux voisins : L'un habite une petite maison aux mille couleurs. Les bonnes ondes qui émanent de cet habitat sont positives et joyeuses…

Et la maison voisine, c'est une grande villa, mais elle est sombre. On ressent, à son approche, de mauvaises ondes nous traverser le corps. Elle évoque des réprimandes, des lamentations…

Admettons que nous ayons le choix : Peut-être que la maison aux milles couleurs vous fera envie, mais en moment de faiblesse la maison sombre représente plus notre état psychologique du moment on se rapprochera donc de celle-ci en nous disant qu'au moins, là-bas, on trouvera des personnes qui seront dans le même état d'esprit que nous. Avec eux, éventuellement, nous pourrons partager et nous lamenter à notre tour.

Et pourquoi pas la maison joyeuse : car instinctivement, là-bas, on ne nous aurait pas compris, nous ne nous serions pas sentis à notre place.

Mais qu'est-ce qui justifie ce choix ? C'est qu'il aurait fallu plus de courage, qu'il aurait fallu sourire et faire semblant d'être comme ses habitants, le temps d'un instant. Ça aurait été difficile, ça aurait été inconfortable, ça aurait demandé un effort sur soi-même. Car nous ne pouvons pas nous permettre de nous lamenter, de ruminer, de multiplier les idées noires. Alors que l'ambiance est à la joie. Le mal attire le mal et le bien attire le bien ! Il faut y croire !

Même si ce n'est pas simple de changer, de modifier son comportement, il faut du courage et de la persévérance. Chaque petit pas vers la maison colorée vous éloignera du mal.

Après les premiers pas vers le bonheur nos bonnes ondes attireront d'elles même tous le positif dans notre vie.

Un sourire chaque jour sur les lèvres. Un regard éveillé, une oreille attentive et des pensées colorées. On Positive ! Au plus vous ferez entrer du positif dans votre vie, au plus c'est lui qui viendra à vous naturellement.

Dernières mises au point

Tout d'abord, il m'a fallu beaucoup de temps avant d'en arriver là. Six ans avec ce monsieur et presque autant pour me reconstruire.
Un long parcours. Chaque jour, j'ai dû me recadrer afin de suivre la loi de l'attraction et de la pensée positive, me ramener à l'instant présent. Lire beaucoup à ce sujet, m'interroger, me réprimander…

Je remplissais quotidiennement mon esprit de bien être, pour remplacer petit à petit ce qui était sombre par de la couleur.

J'avais retiré des réseaux sociaux toutes les pages sur lesquelles les gens passaient leur temps à se lamenter. J'avais cessé de regarder les informations à la télé. À la place, j'avais recueilli plusieurs pages de citations positives sur la vie et des citations bouddhistes auxquelles j'aimais me référer afin d'en faire ma nouvelle philosophie de vie.
Par anticipation, je m'interdisais toute angoisse, me ramenant toujours à l'instant présent. Je me suis interdit de m'inquiéter de ce qui pouvait éventuellement arriver. J'ai appris à vivre au jour le jour.

Au fur et à mesure, les rechutes s'espaçaient dans le temps. J'étais complètement dans le NON STRESS, comme si j'étais dans une bulle d'énergie positive dans laquelle je travaillais chaque jour pour ne pas y laisser entrer de mauvaises ondes.

Oserais-je, à ce moment-là, me décrire comme une vraie bouddhiste ? Ou comme cette femme un peu bohème - qui d'ailleurs m'inspire beaucoup - dont le leitmotiv est : « rien n'est grave ! », « il y a pire, ce n'est rien ! ».

Ou bien comme un petit chat qui prend le temps de se prélasser au soleil, de s'étirer à la sortie de sa sieste. Ce passage à l'extrême est indispensable. Et le temps suffit lui-même pour rééquilibrer tout ça dans une juste harmonie et pouvoir, une fois que tout est rééquilibré, retrouver tous ses sentiments. S'autoriser de crier ou bien de pleurer quand les situations le réclament.

Aujourd'hui, je réussis à quitter cette angoisse qui m'a finalement apporté du bon. Tout un parcours de remise en question et de développement personnel qui m'ont permis de mûrir et d'apprendre beaucoup sur moi-même et sur les autres.

Je suis aujourd'hui devenue une femme adulte, une mère, bien que je sois restée une grande enfant ! J'ai appris que mon bonheur dépend d'abord de moi, à m'aimer moi-même et me consoler toute seule quand j'en ai besoin. J'ai appris à apprécier tous les « vrais » petits plaisirs de la vie.

Désormais je ne me laisse plus entraîner vers le fond : j'ai mes propres limites et je les connais. Et je sais dire NON lorsque ça ne me convient pas. J'arrive à m'ouvrir aux autres et même à apporter la bienveillance autour de moi. J'ai appris à savoir ce que je veux et surtout ce que je ne veux plus ! Je sais m'écouter ! Et je suis assez forte pour écouter le reste du monde et je profite du bien-être et du bonheur de mes proches.

Surtout celui de mes p'tits gars, qui passent avant tout le reste. Quand je vois un sourire sur leur visage, ça remplit mon corps de mille bonheurs. C'est bien sûr un grand "OUI" au bonheur et un grand "OUI" à l'amour.

Pour conclure.

Faisons un petit récapitulatif des points importants que tout un chacun peut mettre en application quotidiennement. Je vous invite à tous les valider, en prenant votre temps : essayez de mettre en pratique au maximum deux points par jour… Petit pas par petit pas… Qui va lentement va sûrement.

1 - Je vais à la pharmacie du coin me fournir en médecines douces, afin d'apaiser dans un premier temps les crises et mes douleurs physiques.

2 - Je retire de mes réseaux sociaux « le mal » et j'y ajoute « le bien » : au travers des citations, des recettes de cuisines, des bons conseils divers… etc.

3 - Quand je vais sur internet, c'est pour lire des citations qui me font du bien et j'en tire profit. J'en fais ma nouvelle façon de penser : « apprendre à danser sous la pluie », « la vie est vraiment simple, mais nous passons notre temps à la rendre compliquée », « on a deux vies et la seconde commence vraiment le jour où l'on comprend que l'on n'en a qu'une » …

4 - J'en profite pour faire le grand ménage en éloignant de moi les personnes qui m'apportent (ou qui évoquent) du mal.

5 - À plusieurs reprises dans la journée, je pense à relâcher mes épaules, je prends une grande inspiration et je souffle un bon coup et c'est reparti ! Un chewing-gum puissant en goût peut aider à compléter un bon bol d'air.

6 - Je savoure mes repas, je prends le temps de m'installer à table et de rechercher tous les goûts dans ma bouche.

7 - J'appelle un (e) ami (e) pour prendre de ses nouvelles. Et pourquoi pas aller boire un café. À condition bien sûr de bannir toutes lamentations et toutes conversations toxiques.

8 - J'écoute la musique que j'aime en voiture quand je vais ou quand je rentre du boulot. Ou bien à la maison : j'ai préparé une bonne petite playlist et je chante à pleins poumons.

9 - J'applique quelques gouttes d'huile essentielle de lavande à l'intérieur des poignets et je me masse lentement les épaules, les flancs, les mains et le visage. Comme si quelqu'un me caressait le dos ou le bras, en signe de soutien ou de réconfort. Là, j'apprends à m'apaiser moi-même.

10 - Dès qu'il se pointe et que j'en ai le temps, je prends le soleil. Je m'installe dans un hamac ou sur l'herbe, dans un coin tranquille et je

sens sa chaleur sur ma peau, tout en écoutant la nature.

11 - Je sais me faire violence si mes vieux démons ne me laissent pas tranquille : « Je ne suis pas faible… Je suis forte et courageuse ! Je veux être bien dans ma vie. Allez ! C'est parti ! Je me surpasse. Toute seule… ». Au début, on se fixe un but facile à atteindre, et petit à petit, on agrandit nos objectifs.

12 - Je m'installe confortablement pour une séance de méditation, avec un but précis : guérir son « enfant intérieur », « lâcher prise », « mieux dormir »… Je choisis ce qui me parle le plus en cet instant. Une femme pense à relâcher la pression de son soutien-gorge,et un homme la ceinture de son pantalon ...

13 - Je fais l'exercice des « bonhommes allumettes ». Je cherche également un rituel qui m'est propre…

14 - Je me rassure ! Si mon souffle est court et que mon cœur s'accélère, c'est que j'ai trop intériorisé. Ce n'est pas grave : c'est mon instinct animal, comme dans l'histoire du lapin. Je respire un bon coup, j'expire en évoquant tous mes non-dits, tout ce que j'ai gardé pour moi ! Quelques grandes inspirations et il me reste à attendre que ça passe.

15 - Je m'impose des défis simples. Je m'encourage pour entrer dans la peau de celle que j'aimerai être. Je me répète que je suis (selon le cas), courageuse, belle, fière… Des qualités positives.

16 - Et je fais en sorte de rayonner aux yeux de tous. Un grand sourire, en commençant par me l'offrir à moi-même, devant la glace ! Mon parfum préféré, une touche de maquillage. Bref, je me fais plaisir.

17 - J'ai du courage : « Jusqu'ici tout va bien. Il n'y a pas de raison pour que dans cinq minutes, ça n'aille plus ». On avance petit à petit. Ça va toujours ? Hop une marche de plus…

18 - Je prends un bon chocolat chaud ou un bon café devant la télé : une série ou un film que j'adore ! Je me détends ! Je frotte mes pieds l'un contre l'autre, au chaud, sous une couverture. Et je frotte mon visage sur un coussin ou un plaid tout doux. Qu'est-ce qu'on est bien, là ! Un bon gros soupir et on se laisse aller.

19- En regardant autour de moi tout ce qui m'entoure, j'y prête attention, tout au long de la journée. Je m'éveille et m'émerveille !

20 - Si j'ai des enfants, je leur consacre toute une journée et ce sont eux qui peuvent choisir le

programme. Je leur fais plaisir et ça me fait plaisir. Et le soir, j'en profite pour revoir les bons moments de cette belle journée, les photos ou les vidéos. Et je suis fière !

Comme vous le voyez, des choses simples, une pincée de bon sens, du positif… C'est long, mais c'est plus facile qu'il n'y paraît. Et c'est tellement valorisant !

    21-Autorisez-vous au maximum des petites sortis qui vous fond du bien. Et voyager si le cœur vous en dit !

Prenez le temps de faire ce qui vous rend heureux !
Belle vie à vous tous !

Table des matières

Remerciements

Cette aventure m'aura au moins permis de savoir où étaient mes vrais soutiens : en premier, mes parents. Je suis fière d'être leur fille. Ils m'ont fait comprendre que rien ne peut remplacer leur amour.
Puis mes frères et mes sœurs, qui m'ont soutenue et assistée quand j'en avais vraiment besoin.
C'est dans ces durs moments de ma vie qu'on comprend ce que veut dire le mot « famille ».
Et il y a mes enfants que j'aime plus que tout : ces événements les ont rapprochés de moi, je connais leur attachement et je sais qu'ils ont doublement besoin de moi...
Enfin, il y a ceux qui, dans l'ombre, m'ont aidé à publier ce livre et de mener projet à sa fin ...
Soyez tous remerciés !
A.S.